Ernst Johann Otto Kieseritzky

Die Sendung von Haugwitz nach Wien

November und Dezember 1805

Ernst Johann Otto Kieseritzky

Die Sendung von Haugwitz nach Wien
November und Dezember 1805

ISBN/EAN: 9783743697034

Hergestellt in Europa, USA, Kanada, Australien, Japan

Cover: Foto ©ninafisch / pixelio.de

Weitere Bücher finden Sie auf **www.hansebooks.com**

Die Sendung

von

Haugwitz nach Wien

November und Dezember 1805.

Inaugural - Dissertation

zur

Erlangung der Doktorwürde .

der

hohen philosophischen Fakultät der Georg-Augusts-Universität zu Göttingen

vorgelegt von

Ernst Kieserltzky
aus Riga (Russland).

Göttingen 1895.

Druck der Dieterich'schen Univ.-Buchdruckerei.

(W. Fr. Kaestner).

Tag der mündlichen Prüfung: 22. Februar 1895.

Referent: Herr Professor M. Lehmann.

Meinem lieben Vater

in Dankbarkeit zugeeignet.

Abkürzungen.

H a r d e n b. = Denkwürdigkeiten des Staatskanzlers Fürsten von Hardenberg. Herausgegeben von Leopold von Ranke. 1877.

M a r t e n s = Recueil des traités conclus par la Russie avec les puissances étrangères p. p. ordre du ministère des affaires étrangères par Martens.

H ä u s s e r = Deutsche Geschichte vom Tode Friedrichs des Grossen bis zur Gründung des deutschen Bundes II 1862. (Aufl. 3.)

B a i l l. = Preussen u. Frankreich von 1795—1807 II. (Publ. aus preuss. Staatsarch.) Leipzig 1887.

M e t t. = Aus Metternichs nachgelassenen Papieren. Geordnet und hrsg. v. Klinckowström II 1880.

Corr. d. Nap. = Correspondance de Napoléon IX.

D u n c k e r = Abhandlungen aus der neueren Geschichte von Duncker. 1887.

W e r t h (e i m e r) = Oesterreich und Ungarn im 1. Jahrzehnt des 19. Jahrhunderts I 1884.

B e r t r. = Lettres inédites de Talleyrand à Napoléon 1800—1809. p. p. Pierre Bertrand 1889.

Inhalt.

Die dritte Koalition hatte sich gebildet. Gegen das stete Fortschreiten der Napoleonischen Macht und ihre immer neuen Uebergriffe, die. den Frieden von Lunéville als etwas längst Vergangenes erscheinen liessen, hatten sich Russland, Oesterreich, England und Schweden zusammengefunden. Napoleon sah den Krieg kommen und bereitete sich auf ihn vor.

Die Frage war, wie Preussen sich stellen würde.

Beide Parteien hofften es zu gewinnen, aber beide auf verschiedene Weise. Die schwächliche Politik der Neutralität hatte den Staat Friedrichs des Grossen so diskreditiert, dass der Gedanke entstehen durfte, ihn durch offene Drohungen zu sich herüberzwingen zu können. Schon durch das ganze Jahr 1805 trugen sich die Koalierten mit diesem Plan.

Anders Napoleon. Als im Sommer dieses Jahres der Krieg immer näher zog, bot er Preussen, um es auf seine Seite zu ziehen, Hannover an, das er seit 1803 besetzt hielt und schickte Duroc nach Berlin, um die Verhandlungen zum schnellen Abschluss zu bringen.

In Berlin rangen so die Diplomaten der beiden Parteien gegeneinander, ehe der militärische Kampf begann. Zwischen ihnen standen die Preussen, nur bedacht, ihre Neutralität zu wahren.

Bei den Verhandlungen über Hannover zeigte sich sofort der ganze Gegensatz zwischen Frankreich und Preussen, wie er uns auch später erscheinen wird. Napoleon bot Hannover, das er als Eroberer und nicht als legitimer

Herrscher besass, zu vollem Eigentum an und verlangte
dagegen ein Bündnis, Preussen wollte das Land bis zum
Friedensschluss besetzen, der dann erst darüber endgültig
verfügt hätte. Dass das dann zu Gunsten Preussens ge-
schähe, wurde bestimmt in Aussicht genommen. Und zwar
wollte man die Verfügung über Hannover sofort erlangen,
um eine norddeutsche Neutralität aufrecht erhalten zu
können. Wie gefährdet eine rein preussische Neutralität
war, das sollte sich grade in diesen Tagen erweisen. Nicht
nur an der Ostgrenze sammelte der Zar seine Soldaten.
Auch in Schwedisch-Pommern standen Truppenlandungen
bevor. Hier wollten sich Schweden und Russen gemeinschaftlich mit den Engländern gegen die Franzosen in
Hannover wenden.

Dass aber noch ein andrer Zweck damit verbunden
war, wurde dem Berliner Kabinett jetzt zum Bewusstsein
gebracht. Man erfuhr hier plötzlich, dass die Russen
ohne vorher um Erlaubnis nachzusuchen, ins preussische
Gebiet einmarschieren sollten. Preussen sollte durch die
offene Drohung von Gewaltmassregeln in den Kampf gegen
Frankreich gerissen werden.

Da zeigte sich aber, dass Preussen bei aller Schwäche
doch mehr Ehrgefühl besass, als die Koalierten glauben
wollten. Am 19. September beschloss man in einer Konferenz, das ganze Heer mobil zu machen, um seine Neutralität zu wahren, zunächst gegen die Koalition.

Unterdessen hatte aber der Zar, in dessen Brust die
verschiedensten und widerspruchvollsten Pläne friedlich
bei einander wohnten, die Ausführung seines Projektes
wieder vertagt und wünschte jetzt vor allem eine Zusammenkunft mit Friedrich Wilhelm, wie er sie schon
vorher verlangt hatte, um sich mit ihm zu einigen. Die
Ueberfallspläne gab er deshalb noch nicht gleich auf. [1]

---

1) Noch am 3. Oktober hat ein russischer Kriegsrat den Vor-
marsch gegen die Pilitza beschlossen (Wertheimer I 276).

Friedrich Wilhelm wollte von dieser Entrevue nicht viel wissen. Er war in diesen Tagen sehr nervös und ärgerlich über Russland, wie über Frankreich, mit dem die Verhandlungen auch nicht vorwärts kamen. Unterdessen war es zum offenen Kampfe gekommen. Der Krieg wurde dadurch eröffnet, dass die Oesterreicher den Inn überschritten und eine Stellung um Ulm einnahmen. Ihre Bundesgenossen, die Russen, waren noch weit zurück, als Napoleon gegen sie heranzog. Bernadotte, der die französischen Truppen in Hannover kommandierte, zog den grössten Teil seines Heeres aus dem Lande (nur die Festung Hameln sollte nicht aufgegeben werden) um mit der Hauptarmee an der Donau zu operieren. Während sich hier Mack, der Oberfeldherr der Oesterreicher, in Siegesträumen wiegte, zog Napoleon langsam die Schlinge zu, in der er ihn fangen wollte. Ein frühzeitiges Eingreifen Bernadottes konnte seinen Plänen nur förderlich sein. Wenn er nun auch in seinen diplomatischen Verhandlungen Preussen rücksichtsvoller behandelte, als die Koalition es that, so hatte er doch von Preussens Thatkraft eine womöglich noch geringere Meinung. Ohne sich um die preussische Neutralität zu kümmern, befahl er Bernadotte, der von Würzburg herankam, keinen Umweg zu machen, sondern direkt über Ansbach zu ziehen, und am 3. Oktober marschierten die Franzosen durch das neutrale Land, ohne auf die Proteste der Behörden zu achten.

Die Nachricht wirkte in Berlin wie ein Donnerschlag. Womit die Russen nur gedroht hatten, das war von Napoleon gethan worden. Die politische Situation wurde dadurch mit einem Schlage verändert. Am erregtesten war der König selbst. Man beschloss, nun auch den Russen zuzugestehen, was man ihnen oben erst verweigert, und ihnen auch den Durchzug durch das preussische Gebiet frei zu geben, das Heer, mobilisiert, um die Ostgrenze zu halten, sollte Hannover besetzen und zugleich wurde eine bewaffnete Vermittelung in Aussicht genommen.

Preussen sollte Napoleon einen allgemeinen Befriedungs-
plan vorlegen und, wenn dieser nicht angenommen würde,
gegen ihn zum Schwert greifen. Doch wird dabei sofort
betont, dass die Bedingungen, die man dem französischen
Kaiser stellen wolle, derartig sein sollten, dass sie auch
eine Aussicht auf Annahme hätten.[1]) Auch auf die Erwerbung Hannovers machte man sich dabei Hoffnungen
(9. Okt.).

Der eigentliche Leiter der auswärtigen Politik Preussens
war der König selbst und die Neutralität war sein eigen-
stes »System«, ein Wort, das damals noch nicht so diskreditiert und abgenutzt war, wie heute, und das Friedrich
Wilhelm gern gebrauchte. Im einzelnen Falle zog der
König aber nicht blos die eigentlichen Beamten für die
auswärtige Politik heran, sondern auch seine anderen Ratgeber, insbesondere den Minister Schulenburg und Beyme,
der im Kabinett das Innere bearbeitete, wenn diese auch
in ihrem Urteile zurückhaltender waren. Ebenso gehörte
der Herzog von Braunschweig zu den regelmässigen Be-
ratern des Königs. Besonders wo militärische Fragen hin-
einspielten, war seine Stimme entscheidend. Der Kabinetts-
beamte des Königs, in dessen Arbeitsgebiet speziell das
Auswärtige fiel, war Lombard, ein eitler, seichter Schön-
geist, der in seinem vertrauten Verkehr mit der französischen Gesandtschaft nur zu häufig die Grenze des Ange-
messenen überschritt, ohne dass dies ihm in der Gunst
seines Herrn etwas schadete. Er hatte sich so in die
Denkweise Friedrich Wilhelms hinein gelebt, dass dieser
ihn für unentbehrlich hielt. Der Minister des Auswärtigen[2])
war seit Haugwitz' Rücktritt Hardenberg, der bisher
noch wenig Selbständigkeit gezeigt und die Neutralitäts-
politik des Königs vertreten hatte. Aber Haugwitz selbst

---

1) Hardenb. II 275/8.
2) Er führte speziell den Titel Kabinettsminister, weil er mehr
als seine Kollegen vom König empfangen wurde.

war noch keineswegs gänzlich aus dem Staatsdienst geschieden. Sein Rat wurde vom Könige gern gehört. Auch bei den letzten Verhandlungen mit Frankreich war dieser Freund Lombards um seine Meinung gefragt worden und hatte dabei für die Aufrechterhaltung der Neutralität gestimmt. Eben war er aus Wien zurückgekehrt, wohin er im Auftrage des Königs gegangen war und am 19. erging nun eine königliche Kabinettsorder,[1]) die bestimmte, dass Haugwitz und Hardenberg künftig hin die Geschäfte gemeinsam führen sollten. Hardenberg war natürlich damit sehr unzufrieden und drückte diese Unzufriedenheit in einem Schreiben an Beyme aus, das offenbar bestimmt war, auch vom König gelesen zu werden und in welchem er auseinandersetzte, dass er die neue Anordnung nur als auf persönlichem Mistrauen beruhend auffassen könne und auf die Unzuträglichkeiten aufmerksam machte, die die Ausführung mit sich bringen würde. Auch Haugwitz sagte er das letztere und beide einigten sich zu einem Schreiben an den König, in welchem sie fürs erste so lange die Verhältnisse so kritisch seien, auf die Ausführung der Order verzichten. An demselben Tage noch, bei einer Konferenz machte der König seinem Minister eine huldvolle Erklärung. Aber bei der Sache blieb es. Fortan gab es zwei Minister für das Auswärtige. Es war das keine neue Einrichtung und sie hatte auch in Zeiten, wo der König die Leitung der Geschäfte in energischer Hand hielt, nicht gefährlich gewirkt. Aber grade jetzt musste diese Einrichtung ihre schlimmen Folgen haben, wo der König sich einer Politik zuwandte, die im Grunde nicht die seine war und deshalb seine Minister eine grössere Selbständigkeit gewannen. Haugwitz und Hardenberg haben in der nächsten Zeit in allem entgegengesetzte Standpunkte eingenommen und der Gegensatz zwischen Minister und Minister ist in jenen Tagen viel wichtiger

---

1) **H a r d e n b.** II 301 ff.

gewesen, als der zwischen Ministerium und Kabinett, an den man gewöhnlich zuerst denkt. Die Minister hatten Recht, wenn sie die Lage kritisch fanden, denn in jener Konferenz (23. Okt.) handelte es sich um nichts anderes, als um die bevorstehende Ankunft Alexanders, die für den 25. angekündigt war. Als die Nachrichten aus Ansbach in Berlin eintrafen, hatte sich als Abgesandter des Zaren Dolgoruki dort befunden, der auf eine Beschleunigung der beabsichtigten Entrevue hinwirken sollte. Er nahm bei seiner Rückreise ein Schreiben des Königs mit, worin sich dieser weigerte, in diesen entscheidungsvollen Tagen Berlin zu verlassen. Da entschloss sich Alexander, selbst nach Berlin zu gehn, um das Eisen zu schmieden, so lange es warm war.[1] Dem Gedanken folgte rasch die That. Am 25. schon erscheint er in der preussischen Hauptstadt, begleitet von seinem Minister Czartoryski. Unterdessen hatte sich das Schicksal Macks vollendet. Man stand unter dem Eindruck der Nachricht, dass er sich am 17. mit fast allen seinen Truppen hatte ergeben müssen. In Wien empfand man das Niederschlagende dieses Ausgangs. Mehr als je hoffte man dort auf die preussische Hilfe. Man fand, dass Preussen nur eine Ehrenschuld zahle, indem es die Katastrophe, an der es in sofern schuld sei, als es nicht den Durchmarsch Bernadottes hinderte, wieder gut machte.[2] Der Ton des Schreibens von Franz an Friedrich Wilhelm vom 28. Oktober ist sehr dringend: Ich beschwöre, heisst es da, E. M. aufs allerdringendste, dass Sie (durch die Unterstützung Oesterreichs) unwandelbar das System der Einheit in Mitteln und Grundsätzen zwischen uns herstellen mögen, welches der einzige Damm gegen Napoleon werden kann.[3] Ebenso schrieb der Minister an Metternich,

1) Werth. 284. Martens, Recueil des traités II 479.
2) Werth. 283.
3) Zitat nach Häusser II 616.

damals österreichischer Vertreter in Berlin.[1]) Dieser erhielt gleichzeitig in seiner Instruction vollständig freie Hand. Er durfte Hannover und englische Subsidien versprechen. Man fragte nicht viel nach Einzelheiten, wenn nur abgeschlossen würde,[2]) hoffte dann aber auch bestimmt auf Preussen.[3])

Zur Unterstützung Metternichs sandte man jetzt den Erzherzog Anton nach Berlin. Kaiser Franz hatte sich zuerst an der Zusammenkunft beteiligen wollen, damit es zwischen Russland und Preussen nicht zu Abmachungen komme, die den Interessen Oesterreichs entgegenliefen;[4]) zumal unter dem Eindruck der Freundschaft des Königs fürchtete man für den festen Willen des Kaisers. Jedoch das Projekt einer Monarchenzusammenkunft in Krakau fiel und Alexander sprach sich gegen Stutterheim, den österreichischen Vertreter im russischen Hauptquartier, beruhigend aus: Ihre Interessen sind die unsrigen.[5]) Wenn jetzt Erzherzog Anton nach Berlin kam, so rechnete er nicht mehr darauf, den Kaiser noch dort zu finden. Er sollte nur die guten Eindrücke des kaiserlichen Besuches noch befestigen. Der Erzherzog ist aber schon am 31. Oktober in Potsdam eingetroffen, vor der Abreise des Zaren. Uebrigens tritt er bei den Verhandlungen nicht in den Vordergrund. Bei seiner Ankunft begegnete Alexander dem Könige, der sich wohl lieber ohne Entrevue beholfen hätte,[6]) sehr herzlich und bat ihn um Entschuldigung, wenn er ihn beunruhigt hätte. Besonderes Glück hatte Alexander bei den Damen des Hofes. Auch auf die Königin Luise übte die Liebenswürdigkeit des jungen Zaren ihren Zauber aus. Sie war schon seit dem Ansbacher Ereignis sehr kriegerisch gegen

---

1) W e r t h. 283.
2) B e e r, Zehn Jahre österr. Politik 1801—1810, Seite 178.
3) H ä u s s e r 616 (Manifest vom 28.).
4) W e r t h. 279.
5) W e r t h. 285.
6) B a i l l., LXIII Anm. 2.

Frankreich gesinnt und blieb jetzt nicht ohne Einfluss auf
die Verhandlungen. Bei der Begegnung Alexanders mit
Metternich machten sich beide gegenseitig Komplimente
über ihre diplomatischen Erfolge. Metternich war, so lange
man Preussen durch Zwang zu sich herüberzuziehen hoffte,
der eigentliche Vertreter der Koalition gewesen, da die
Russen ihrem Diplomaten Alopeus, einem Preussenfreunde,
selbst nicht immer trauten. Aber was hatte diese Politik
für Erfolge aufzuweisen? Sie war es doch wahrlich
nicht gewesen, die es dahin gebracht hatte, dass
Preussen jetzt mit einem Fuss im Lager der Koalition
stand. Haugwitz wurde sehr kühl aufgenommen, Hardenberg dagegen ausgezeichnet. Alopeus hatte ihn längst in
seinen Berichten als einen eifrigen Parteigänger der Koalition geschildert[1]) und in der That rechtfertigte er jetzt
die gute Meinung Alexanders, die er bisher wenig ver-
dient hatte, in vollem Masse. In seinen Memoiren merkt
er garnicht, wie er durch das, was er bei dieser Gelegenheit sagt, seine eignen Worte dementiert. Jetzt wird er
nämlich zum entschiedenen Anwalt des sofortigen An-
schlusses an die Koalition, jetzt schilt er auf die, welche
erst »alle Kaskaden der Diplomatik durchgehen wollen, bevor man thätig gegen einen Feind mithandelt, der keinen
Augenblick Zeit verliert«. Nach Ansbach war er es gewesen, welcher die Aufwallungen des Königs dämpfte.
Wenn er jetzt so eifrig für die Koalition eintrat,[2]) darf
man vielleicht vermuten, dass auch der Gegensatz zu
Haugwitz sein Teil dazu beitrug. Haugwitz nämlich und
Lombard, der auf Befehl seines Königs an den Verhandlungen
teilnahm, vertraten dabei den Standpunkt des Königs, und
der Graf trat bei den Verhandlungen deshalb mehr in den
Vordergrund, weil Hardenberg im entscheidenden Momente
bettlägerig wurde; die Verhandlungen wurden freilich in

---

1) **M a r t e n s** passim.
2) Dies Eintreten wird in jeder Weise von russischer (Czartoryski), österreichischer (Metternich) und französischer Seite bestätigt.

seiner Wohnung fortgesetzt. Aber Haugwitz hatte doch den Verkehr mit dem König. Einen grossen Einfluss hatte auch, wie gesagt, der Herzog von Braunschweig durch das Gewicht seiner militärischen Autorität. Metternich sagte zum Kaiser, dass es hauptsächlich darauf ankomme, Preussen in irgend einer Richtung zu binden. Das ist denn auch erreicht worden, aber in allem Einzelnen musste man den Preussen zugestehen, was sie verlangten.

Die Russen fingen damit an, dass sie versuchten, Preussen von der Idee der Vermittlung abzubringen; es sollte statt dessen einfach der Koalition beitreten. Deshalb teilte man jetzt den Vertrag vom 6. November 1804 mit. Aber der König wollte sich nicht darauf einlassen und antwortete mit einem Gegenentwurf[1]) und der Kaiser gab endlich nach. Es wurde auf Grundlage der Vermittlungsidee verhandelt.

Ueber zwei Punkte musste man sich klar werden: erstens, welche Forderungen sollte Preussen an Frankreich stellen und dann, welche militärischen Massnahmen sollte es treffen, um Napoleon gegebenen Falls mit den Waffen zu begegnen.

Zum ersten Punkt schlug der König und sein Kabinett vor, dass Preussen die Rückkehr zu den Bestimmungen des Lunéviller Friedens verlangen sollte und die Verbündeten stimmten dem, wie es scheint, ohne weitere Debatte, zu, da sie von Napaleons Ablehnung überzeugt waren.

Friedrich Wilhelm[2]) gab damit keineswegs seine Friedenshoffnungen ganz auf. Seine Rolle als Vermittler fasste er ganz ernst. Er glaubte wirklich noch, dass Napoleon Preussens Forderungen annehmen könnte. Dass

---

1) Mett. II 75.
2) Wir können wohl die Lombardschen Schriftstücke (Hardenb. II 306) als des Königs eigene Meinung ansehen.

diese nur ein Ultimatum sein würden, wie Alexander ganz
richtig zu Metternich sagte, war nicht unbedingt seine
Meinung. Aber freilich konnte er sich auch nicht dem
verschliessen, dass seine Hoffnungen auf schwachen Füssen
standen. Ihm war bei alle dem nicht wohl zu Mute. Er
unterzeichne, hat er damals gesagt, aber er sei sehr unruhig
und zittre vor den Folgen.

Zu den militärischen Verhandlungen hatte der Herzog
von Braunschweig zwei Denkschriften aufgesetzt, in welchen
er den zukünftigen Feldzugsplan entwirft, so weit das schon
jetzt möglich war: wobei er hoffte, Napoleon durch blosse
Mannöver aus Deutschland hinauszuschaffen, dann aber
auch auseinandersetzte, welche Stellungen die preussischen
Truppen einnehmen sollten, um die Vermittlung zu einer
bewaffneten zu machen. Die Vorbereitungen würden 4 bis
5 Wochen dauern. Was die Kritik dieser Denkschriften
anlangt, so war vor allen Dingen die Grundannahme
falsch, dass Oesterreich die Innlinie würde halten können;
denn erstens konnte Napoleon den 75000 Mann eine er-
drückende Uebermacht entgegensetzen, was der Herzog
allerdings nicht wusste, da er die französische Hauptarmee
auf nur 90000 schätzte. Er kam dazu, indem er annahm
der Kaiser hätte nach den Gewohnheiten der Zeit viel de-
taschiert. Zweitens konnte Tirol Napoleon nicht aufhalten,
denn erstens reichten die dortigen Truppen grade zur Ver-
teidigung aus und waren zur Offensive nicht geeignet und
dann würde sich Napoleon durch eine blosse Bedrohung
der Rückzugslinie nicht haben aufhalten lassen. Aber darauf war die ganze Aufstellung Preussens überhaupt be-
rechnet. Ueber ganz Norddeutschland waren die Truppen
verteilt, zum Teil nur um den leeren Raum auf der Karte
auszufüllen und die Truppenbewegungen haben die Richtung
auf den obern Main. Ein zweiter Fehler war die Ver-
zettelung der Streitkräfte, so dass für die Hauptarmee nur
sehr wenig Leute übrig blieben. Hätte man sich in Sachsen
versammelt, so wäre auch nicht so viel Zeit nötig gewesen,

die Märsche hätten sich abgekürzt, da die meisten Truppen
im Osten standen. Metternich hätte gerne eine Bestimmung
aufgenommen gesehen, in welcher des Falls gedacht wurde,
dass Oesterreich den Inn nicht halten könne und schlug
einen entsprechenden Zusatzartikel vor, der in richtiger
Voraussicht der Dinge auch die Möglichkeit in Rechnung
zog, dass Napoleon die Verhandlungen mit Preussen in die
Länge zog. Aber vergebens betonte er, dass die österreichische Sache die preussische sei; Haugwitz weigerte
sich anfangs überhaupt, diesen Vorschlag dem Könige zu
unterbreiten, und wenn er es endlich that, so mussten
doch zuletzt die Ostmächte diesen Punkt fallen lassen,
da Haugwitz erklärte, er würde sonst die Verhandlungen
abbrechen. Vergeblich hat sich Alexander bemüht, den
Sinn dieses Zusatzartikels in den Brief an den Kaiser von
Oesterreich aufgenommen zu sehen, den Friedrich Wilhelm
dem Erzherzog Anton mitgab.

Es wurde also bestimmt, dass die preussischen Truppen
sich sofort in die Stellungen begeben sollten, von wo aus
sie im gegebenen Falle die Operationen beginnen konnten.
Unterdess sollte ein Gesandter des Königs zu Napoleon gehen,
um die Vermittlungsvorschläge, wie vorgesehen war, Napoleon vorzulegen. Für diese Verhandlungen war ein Zeit-
raum von 4 Wochen in Aussicht genommen worden, denn
soviel hatte ja der Herzog von Braunschweig für seine
Truppenbewegungen gefordert. Gerechnet wurde diese Frist
von dem Tage der Abreise des Gesandten. Wenn während
dessen nichts mit Napoleon zu Stande kam, würde der
König von Preussen ihm den Krieg erklären.

---

1) Ueber die militär. Operationen Preussens in diesen Monaten
haben wir eine Monographie von fachmännischer Seite: Die preuss.
Kriegsvorbereitungen u. Operationspläne von 1805 (Kriegsgeschichtl.
Einzelschriften, hrsg. vom grossen Generalstabe, Bd. I, H. I, Berlin
1883). Hier soll nicht weiter drauf eingegangen werden, als es der
sonstige Zusammenhang erfordert.

Dafür versprachen die Verbündeten zunächst einen Subsidienvertrag mit England.

Dann aber erhob sich eine neue Schwierigkeit, denn Preussen forderte für den Frieden eine abgerundete Grenze, das heisst vor allem Hannover. Und in einem geheimen Artikel setzte es diesen seinen Herzenswunsch durch. Falls England keine Subsidien zahlte und Hannover nicht an Preussen kam, durfte dieses sich sechs Monate nach vorheriger Anzeige bei den Verbündeten vom Kriege zurückziehen. Von einer Eifersucht Oesterreichs auf die preussische Vergrösserung ist dabei nichts zu spüren.[1]) Aber man fürchtete den Widerspruch Englands. Damit die Verhandlungen darüber nicht den Subsidienvertrag durchkreuzten und Preussen dadurch nicht eine Handhabe fände, sich seinen Verpflichtungen zu entziehen, setzten aber die Ostmächte durch, dass ihnen die Negotiationen über Hannover anvertraut würden.[2])

Die Koalierten hatten den König nicht vermocht, auch nur einen Schritt vorwärts zu thun, sie hatten sich nur versichert, dass er keinen Schritt rückwärts gehen würde. Im Vertrage von Potsdam steht nicht mehr, als man im Rate des Königs am 9. Oktober in Aussicht nahm. Oesterreich und Russland konnten froh sein, dass es nicht weniger war. Der Vertrag ist vom 3. datiert, eigentlich unterzeichnet wurde er erst am 4. Dass Metternich dabei formell einem preussisch-russischen Vertrage beitrat, geschah, um Weiterungen zu vermeiden.[3])

Alexander, der sich mit Recht Stutterheim gegenüber rühmen konnte,[4]) durch seine persönlichen Bemühungen wesentlich zum Erfolge beigetragen zu haben — hatte er doch den König zu etwas hingerissen, was er im Grunde

---

1) Hardenb. V 208.
2) Mett. II 79.
3) Mett. II 75.
4) Beer 180.

seines Herzens ungern that — führte dann noch mit Friedrich
Wilhelm die bekannte Szene am Grabe Friedrichs des
Grossen auf, durch welche der Abschluss wenigstens ge-
rüchtweise bekannt wurde. Der Auftritt war wohl auch
von Alexander so gemeint. Er wollte eben den König so
fest wie möglich an die Koalition ketten. Nicht blos seine
Sentimentalität kam dabei in Frage. Am 5. verliess er
dann Berlin.

Die französische Gesandtschaft hatte sich in der letzten
Zeit in Berlin sehr isoliert gefühlt. Seit Ansbach hatte
für sie sogar der gesellige Verkehr mit den preussischen
Staatsmännern ganz aufgehört. Napoleon befahl jetzt Duroc,
der sich noch immer in Berlin befand, zu sich zurück, da
er in der preussischen Hauptstadt doch nichts mehr thun
könne.[1]) In der Abschiedsaudienz am 1. November bat
Duroc noch einmal den König, nicht zur Koalition über-
zugehen, fügte aber hinzu, sein Herr würde sich nicht
durch Demonstrationen einschüchtern lassen. Wenn er die
Weisung Napoleons ausgeführt hat, so liess er durch Lombard noch direkte Drohungen an den König gelangen. Er
empfing aus der Audienz jetzt den Eindruck, dass Friedrich
Wilhelm sich nicht von seinem Neutralitätssysteme entfernen und beständig am Frieden arbeiten wolle.[2]) Es ist
bezeichnend, wie unsicher und friedlich sich danach der
König ausgedrückt haben muss.

Später überreichte Laforest eine Depesche Talleyrands,
in welcher am Schluss um die Sendung eines Spezial-
gesandten gebeten wurde, um alle Missverständnisse weg-
zuräumen. Man verstände garnicht, was Preussen eigentlich wolle.. Hardenberg konnte ihn auf Haugwitz ver-
weisen, der bereits, ehe der Vertrag von Potsdam fertig
war, vom König in Aussicht genommen wurde, die preussischen Vermittlungsvorschläge Napoleon zu überbringen.

---

1) Corr. d. Nap. 9420.
2) B a i l l. LXV Anm. 2. D u n c k e r 240.

2 *

Noch vom Tage der Abreise Alexanders ist eine Denkschrift des Herzogs von Braunschweig, die ausführt, dass 4—5 Wochen noch nicht genügen würden, um dio preussischen Rüstungen soweit zu vollenden, dass alles auf den nötigen Offensiv- und Defensivpunkten stände. [1]) Er fordert deshalb 6 Wochen und will den Termin der Entscheidung auf den 15. Dezember verschieben. Auch könnten vorher nicht alle russischen Truppen durch das preussische Gebiet hindurchmarschiert sein, was, wenn ein Waffenstillstand Halt geböte, den Preussen beschwerlich wäre.

Um sich diese Frist von 6 Wochen zu verschaffen, wurde die Abreise des Gesandten so lange wie möglich hinausgeschoben. Denn man glaubte nicht, dass es gelingen würde die Verhandlungen mit Napoleon in die Länge zu ziehen. Man dachte allerdings noch dadurch Zeit zu gewinnen, dass man von Napoleon, wenn er die Forderungen Preussens ablehne, wenigstens Gegenvorschläge erbäte. Alles das entwickelte Haugwitz in einer Denkschrift, die ihm als Instruktion dienen sollte. Er erhielt damit ganz freie Hand, den Umständen gemäss zu handeln. Schon nahm man in Aussicht, dass Oesterreich von Napoleon zu einem Sonderfrieden genötigt werden könnte. Falls die Dinge solch eine Richtung nähmen, sollte Haugwitz Alles thun, um die Franzosen zu besänftigen und Zeit zu gewinnen suchen. Hardenberg, in dessen Gegenwart Haugwitz dem Könige das Schriftstück »flüchtig«, wie er behauptet, vorlas, hat keine Einwendungen gemacht.

Hardenberg [2]) spricht an verschiedenen Stellen die Vermutung aus, dass Haugwitz noch geheime Instruktionen erhalten hat. Nach seiner Rückkunft aus Wien schreibt Laforest, Haugwitz habe ihm gesagt, dass der König ihm die Weisung mitgegeben, den Frieden um jeden Preis zu sichern (qu'il devait dans tous les cas assurer la paix

---

1) H a r d e n b. II 337.
2) H a r d e n b. II 316, 343, 386.

entre la Prusse et la France). Darin hat Max Lehmann eine Bestätigung dieser Ansicht gefunden. Eine solche geheime Instruktion stimmt zu wenig · mit dem Charakter des Königs und mit seinem Thun und Sprechen in den folgenden Novembertagen überein. Der König konnte wohl sehr schwach aber nicht unehrlich sein und das hätte er im hohen Grade sein müssen, nicht nur gegen seine Verbündeten, sondern auch gegen seine nähere Umgebung. Es giebt vielleicht keine bessere Widerlegung jener Ansicht, als die Worte, welche er am 11. Dezember nach Empfang der Unglücksbotschaft von Austerlitz an Haugwitz schreiben lässt. Er hätte ihm keine weitern Instruktionen zu geben, heisst es da, sein Vertrag, dem er treu bleiben solle und wolle, enthielte sie alle. Wer kenne seine Absichten besser als Haugwitz und wer könne besser als er bei jedem kleinen Schritt sich nach den Erfordernissen des Augenblicks richten, die, unvorhergesehen, die Thätigkeit eines gewöhnlichen Unterhändlers lähmen. Grade diese Vertrauenserklärung für Haugwitz beweist, dass diese Worte der eigensten Ansicht des Königs entsprangen, denn Haugwitz war in hohem Grade der Mann, auf den der König baute.

Wenn man also die Mitteilung Laforests nicht ohne weiteres annehmen kann, zumal sie auf der Aeusserung eines Mannes beruht, dessen Mangel an Wahrheitsliebe wir noch kennen lernen werden, so ist es doch sehr wahrscheinlich, dass der König seinem Gesandten es sehr an's Herz gelegt hat, den Frieden so lange wie möglich zu wahren. Das hätte ganz in seiner Art gelegen und auch Haugwitz stimmte von Herzen bei.

Nach wie vor fand er sich in gleichen Befugnissen neben Hardenberg gestellt und eine endgiltige Regelung wurde auch jetzt nicht vorgenommen, sondern bis zur Rückkehr von Haugwitz aus dem Lager Napoleons verschoben. Aber dieser, der das vollständige Vertrauen seines Königs besass, hatte bis zu seiner Abreise durchaus

den entscheidenden Einfluss.[1]) Er fühlte sich auch als
der eigentliche Leiter der preussischen Politik und sagte
dem französischen Gesandten, ehe er Berlin verliess, sogar, er solle über die Haltung hinwegsehen, die Hardenberg während seiner Abwesenheit etwa einnehmen könnte.[2])
Laforest seinerseits durchschaute Haugwitz und prophezeite
richtig den Ausgang seiner Mission.[3])

Die Instruktion für Haugwitz war bereits unter dem
Eindruck schlimmer Kriegsnachrichten abgefasst, die allerdings die Möglichkeit eines Sonderfriedens wahrscheinlich
werden liessen. Beim Abschluss des Potsdamer Vertrags
war man noch davon ausgegangen, dass Tirol gehalten
werden würde, schlimmsten Falles könnten die Oesterreicher erst an der Enns Halt machen. Aber was man beim
Abgang des Grafen wusste, liess das schon weit hinter
sich. Innsbruck wäre bedroht und die Oesterreicher ständen
bereits in der Gegend von St. Pölten. Thatsächlich war
die Lage damals sogar schon viel schlimmer. Tirol war
längst aufgegeben und am 12. waren die Franzosen in
Wien eingezogen. Haugwitz, der am 13. November[4])
endlich aufgebrochen war, empfing auf seiner sehr lang-
samen Reise diese Hiobsposten eine nach der andern.
Sie konnten in ihm nur die Ansicht bestärken, dass der
Frieden auf jede Weise gesichert werden müsste.

Unterdessen war am 9. November auch die in England gebildete hannöversche Legion gelandet, während von
der Ostsee her schwedische und russische Truppen nahten.
Auch die preussischen Heeresteile nahmen allmählich die
Stellungen ein, die ihnen die Pläne zuwiesen und räumten
zugleich wieder Hannover, weil die Engländer jetzt dort

---

1) Mett. II 81.
2) Baill. 405.
3) Baill. 406.
4) Die Denkwürdigkeiten haben an 2 Stellen den 14. Nach
Bailleu II No. 304 war es der 13. Dann löst sich der Widerspruch, auf den Wertheimer Seite 363 aufmerksam macht.

als rechtmässige Herrn auftraten, und sie neutral, nicht Bundesgenossen der Engländer waren. Mitte November traf als Vertreter der englischen Regierung Lord Harrowby ein, um mit Preussen nähere Verbindungen anzuknüpfen. Im Potsdamer Vertrage waren bekanntlich Subsidien und in einem Geheimartikel Hannover den Preussen versprochen worden.

In Betreff des ersten Punktes fürchtete man nicht für Englands guten Willen, sondern nur, dass es vielleicht ausser Stande sei, zu zahlen. Aber Harrowby zerstreute alle Befürchtungen in dieser Hinsicht. Die Verhandlungen über Hannover, die ursprünglich überhaupt in London geführt werden sollten, boten wenig Aussicht auf Erfolg. Metternich und Alopeus, die jetzt die Besprechungen darauf lenken sollten,[1]) wollten anfänglich garnicht mit der Sprache herausrücken. Als Metternich es schliesslich that, empfing er den Eindruck,[2]), dass der Vertreter Englands nicht verwarf, was der Diener des Kurfürsten von Hannover nicht einmal hören zu dürfen glaubte, wie er immer wieder versicherte, oder dass Harrowby selbst sachlich weniger Einwände zu machen habe, aber vor den Schwierigkeiten zurückschrecke, welche diese Frage in sich barg.

Auch in Bezug auf die Sudsidien kam man nicht so vorwärts, wie man anfangs gehofft hatte. Bald fragte Harrowby, ob die preussische Hilfe wirklich nötig sei, bald geizte er bei einzelnen Forderungen. Schliesslich war noch nichts zu Stande gekommen, als sich die Verhältnisse total geändert hatten.

Die Eindrücke, die Haugwitz auf seiner Reise empfing, erfüllten ihn mit Sorgen für die exponierte Lage Preussens. Und unaufhaltsam rückten die Franzosen vor. Bereits war es zu

---

1) Man erinnere sich, dass die Ostmächte diese heikle Frage übernommen hatten. Die Preussen sollten nur das Material dazu liefern. Es ist dies die Denkschrift abgedruckt H a r d e n b. I 178.

2) H a r d e n b. V 207.

Verhandlungen zwischen Oesterreichern und Franzosen gekommen, wie sie durch den Vertrag von Potsdam ja nicht
ausgeschlossen waren. Man hatte schon in der ersten
Hälfte des November den Grafen Gyulai zu Napoleon gesandt, um ihn zu sondieren.[1]) Dann hatte der Imperator,
der auch seinerseits ernstlich den Frieden wollte[2]), dem
Kaiser Franz seine Geneigtheit zu einem Abschluss ausge-
sprochen, wobei er ihn von Russland zu trennen wünschte.[3])
Im österreichischen Lager war die Friedensschnsucht sehr
lebhaft. Mit Beistimmung Alexanders beschloss man,
Stadion und Gyulai ins französische Hauptquartier zu
senden. In ihren Weisungen wurde gesagt, sie sollten
Napoleon jede Hoffnung darüber benehmen, als ob die
Koalition sich auflösen könnte. Ausserdem wurden sie
angewiesen, gemeinschaftlich mit Haugwitz vorzugehen.
Die Koalierten benahmen sich also durchaus loyal gegen
Preussen und es wurde Vorsorge getroffen, dass Haugwitz
von der Aktion benachrichtigt würde. Nowossilzow wurde
ihm entgegen gesandt, um ihm mitzuteilen, wo Stadion
sei, und wie er sich mit ihm verständigen könne, ehe er
Napoleon spreche. Ebenso kam Finkenstein, der preussische
Gesandte bei Kaiser Franz, auf seine Aufforderung ihm
entgegen. Er war beauftragt, ihm die Hoffnung aus-
zusprechen, dass er dem Imperator gegenüber mit Festig-
keit und im Sinne der geschlossenen Verträge auftrete
und ihm mitzuteilen, dass die verbündeten Kaiser entschlossen wären, sich nicht von der gemeinsamen Sache
zu trennen.

Wenn Haugwitz in seinem Schreiben vom 2. December
und in seinem Generalbericht über die Reise vom 26. Dezember die Sache so darstellt, als ob Nowossilzow ihm gesagt habe, dass Oesterreich den fernern Krieg aufgebe,

---

1) **Beer** 184.
2) Corr. d. Nap. No. 9582.
3) **Werth.** 321.

so ist das die erste Unaufrichtigkeit, der er sich auf
dieser Reise schuldig machte. Von Finkenstein weiss er
nur zu berichten, dass er nichts den Mitteilungen des
Russen hinzuzufügen hatte. [1])

Jedenfalls musste er suchen, sich mit Stadion und
Gyulai zu verständigen. Andrerseits lag Napoleon zunächst
daran, eine solche Verständigung zu hindern. Er liess
deshalb Haugwitz in Iglau hinhalten, während er am 25.
in Brünn mit den österreichischen Delegierten verhandelte.
Es kam dabei zu keinem Resultat, da sich die beider-
seitigen Forderungen zu sehr widersprachen. Napoleon
wies sie an Talleyrand nach Wien. Erst als sie abgereist
waren, kam Haugwitz nach Brünn und hatte dort am 28.
eine Unterredung mit dem Kaiser der Franzosen.

Der einzige Eindruck, den die vergeblichen Unterhandlungen vom August und September bei den Franzosen
hinterlassen hatten, war der, dass Preussen nicht zu fürchten
sei. Seine furchtsame Politik, die wohl gewinnen, aber nicht
wagen wollte, erweckte nur Verachtung, wenn seine fortgesetzt ablehnende Haltung nicht verletzte. Auch das Vorgehen Preussens nach Ansbach, die Besetzung Hannovers
vor allem machte nicht allzuviel Eindruck. Man reizte
dadurch den Kaiser, aber man schüchterte ihn nicht ein.
Napoleon beauftragte seinen Vertreter, energisch zu be-
tonen, dass die Franzosen sich nichts mit Gewalt nehmen
lassen würden. Die Gesandten berichteten auch fernerhin
von den Schwankungen am Berliner Hofe, von den wech-
selnden Stimmungen des Königs und von den zweideutigen
Redensarten seiner Staatsmänner. Das alles war nicht geeignet, dem Kaiser und Talleyrand eine grössere Achtung
vor Preussen einzuflössen. Am deutlichsten treten diese
französischen Anschauungen in dem Briefwechsel [2]) zwischen

---

1) Vergleiche jedoch Häusser II 641. (Ausserdem Hardenbergs Anmerkungen zu Haugwitz Berichten.)
2) Baill. 605—9. .

Talleyrand und Hauterive hervor, eine Lektüre, die für
preussische Patrioten nicht gerade erhebend ist. Furcht-
sam und kurzsichtig, so nenne die öffentliche Meinung in
Paris das Preussen, welches einst Friedrich der Grosse
beherrscht, seine Armee sei nicht mehr viel wert, und
doch erscheine der Staat noch schwächer als er wirklich
wäre durch die Kraftlosigkeit seiner Diplomatie. Wenn
jetzt Laforest aus Berlin von dem Gerücht schrieb, dass
wahrscheinlich am 3. mit der Koalition etwas abgeschlossen
sei, so machte das auf die Franzosen wenig Eindruck, ob-
schon auch der Kaiser von Osterreich in einem Manifest
vom 13. November es bestätigte. Freilich reizte es Napoleon, aber man glaubte nicht recht daran, dass es den
Preussen Ernst sein könnte, schliesslich würden sie sich
doch auf die Seite des Stärkeren stellen.[1]) Hatte doch
auch in Berlin Laforest auf alle Weise versucht, etwas
genaueres über das Ergebnis der Besprechungen mit den
Ostmächten zu erfahren und dabei nur die halben Phrasen
von Haugwitz und Lombard[2]) zu hören bekommen. Er
prophezeite ganz richtig, was Kaiser Alexander auch erreicht haben möchte, Haugwitz würde es schon verstehen,
diesen Versprechungen ihre Bedeutung zu nehmen. Zufrieden lächelnd wartete Talleyrand ab, wie Haugwitz
langsam heranreiste und schrieb geringschätzig: son mar-
che ressemble à la politique de son gouvernement. Den
Franzosen konnte es nur recht sein, wenn sich die Verhandlung mit Preussen bis nach der Entscheidung hinzog.
Was Napoleon dagegen ärgerte, war die verletzende ge-
sellschaftliche Isolierung, in der sich seine Vertretung in
Berlin seit dem Ansbacher Ereignis befand. Er will jetzt
verlangen, dass man seinem Gesandten höflicher begegnet.
Worauf es ihm aber bei den Besprechungen mit Haugwitz
vor allem ankommen musste, das war die Sicherung

---

1) Talleyr. an Hauter. B a i l l. 605.
2) B a i l l. 410.

gegen eine feindliche Diversion im Nordwesten. Wie
schon gesagt, hatte er die Besetzung Hannovers sehr übel
genommen. Nun hatte er sich unterdessen auch gezwungen
gesehen, die Bildung einer Nordarmee gegen die Koa-
litionstruppen im Hannöverschen zu dekretieren. So war
er auf Preussen sehr schlecht zu sprechen, das ihn mit
seiner Politik reizte und zugleich ihm Verachtung ein-
flösste.

Haugwitz erzählt, dass er in der Befürchtung handelte,
Oesterreich könne ohne ihn Frieden schliessen. Wir wissen,
dass er sich in diese Befürchtung einfach hineinphantasiert
hat. Seine Instruktion sah aber diesen Fall vor und er-
mächtigte ihn dann, vor allen Dingen Napoleons Aerger
zu besänftigen und Zeit zu gewinnen. Darnach handelte
er dann, als der Kaiser ihn mit eisiger Miene empfing und
ihn so einschüchterte, dass er nicht wagte, von den Verpflichtungen zu sprechen, welche Preussen gegenüber der
Koalition übernommen. Wir wissen nicht, was er darauf
antwortete, als Napoleon ihn ärgerlich danach fragte. Die
Wahrheit jedenfalls nicht, so dass der Imperator zu der
Ueberzeugung gelangte, man sei in Berlin nicht sicher,
was man thun solle.[1] Haugwitz bemühte sich nur, Napoleon zu besänftigen, und schliesslich zeigte sich dieser auch
zugänglicher und ging auf die Idee der Vermittlung ein.
Er that es, um zwei Bedingungen stellen zu können, die
ihn im Nordwesten gesichert hätten. Er verlangte, Preussen
solle sich dafür verbürgen, dass während den Verhandlungen keine feindlichen Truppen die holländische Grenze
überschritten und dass Barbou, der in Hameln kommandierte, nicht weiter belästigt würde. Napoleon und Haugwitz haben dann noch von ·der Idee einer allseitigen Garantie gesprochen, welche das ganze Friedenswerk krönen
sollte, aber doch nicht das war, worauf es jetzt ankam.
Weiter kam es nicht, obgleich die Unterredung vier Stunden

---

[1] Corr. d. Nap. IX Seite 440.

dauerte. Napoleon hat ihm das Zeugnis ausgestellt,[1]) dass
er viel Feinheit in das Gespräch gelegt habe. Besser wäre
es gewesen, wenn er mehr Kraft hineingelegt hätte.
Später nach der Schlacht bei Austerlitz hat er sich
gerühmt,[2]) durch dies Gespräch die freundschaftlichen Beziehungen zu Frankreich wieder hergestellt zu haben. In
der That, was bei Napoleon noch an Groll vorhanden war,
musste verfliegen, wenn er sah, wie schwächlich die Leitung
eines Staates handelte, welcher einst eine Grossmacht war.
Schliesslich schickt ihn der Kaiser nach Wien, weil
er sich nicht für seine Sicherheit im Kriegslager verbürgen
könne. Haugwitz trifft am 30. November in Wien ein
und kommt dort mit Stadion und Gyulai einerseits, mit
Talleyrand andrerseits zusammen. Jetzt konnte sich Haugwitz also endlich mit den Oesterreichern verständigen und
mit Talleyrand die Verhandlungen weiter führen. Aber
sein Ziel war ein ganz anderes. Er hielt die Koalition
für verloren und suchte nur sich und seinen König so
wenig wie möglich durch den Umgang mit den Besiegten
zu kompromittieren. Er glaubte Napoleon am besten gewinnen zu können, wenn er den Franzosen überall eine
möglichst freundliche Miene zeigte und dachte nicht daran,
dass er dadurch nur sich und den Staat, den er vertrat,
verächtlich machte. Die Franzosen bemerkten die Ostenta-
tion, mit der er den Orden der Ehrenlegion trug.[3])
Es ist leicht zu verstehen, dass Haugwitz erst am
2. Dezember Gelegenheit findet, einen Bericht über das
hier Erzählte nach Berlin zu senden. Er musste Zeit
haben, um darin die Dinge so darzustellen, wie sie ihm
passten. Gewiss hat Haugwitz geglaubt, als preussischer
Patriot zu handeln, aber es ist doch ein sonderbarer Patriotismus, der seinem eignen König gegenüber nicht auf-
richtig sein kann.

---

1) Corr. d. Nap. IX Seite 440.
2) Baill. S. 413.
3) Bertr. 205.

Am 1. Dezember[1]) schon war er von Talleyrand
empfangen worden. Es war zuerst von der isolierten
Stellung Laforests die Rede, wobei Haugwitz alle Schuld
auf Hardenberg schieben konnte. Dann bat sich der französischen Minister vor allen Dingen Erklärungen über die
Besetzung Hannovers aus. Haugwitz stellte sie als eine
Massregel zum Schutze der norddeutschen Neutralität hin,
die nichts Feindliches gegen die Franzosen bedeute. In
Betreff Hollands und Hamelns wiederholte er die Versicherungen, die er schon Napoleon gegeben, wagte nicht,
Talleyrand über die wahre Natur des Potsdamer Vertrages
aufzuklären, sprach es vielmehr in den bündigsten Worten
aus, dass am 3. November nur eine einfache Erklärung zu
Stande gekommen sei, ohne irgend welche für Frankreich
feindliche oder auch nur bedrohliche Beimischung. Talleyrand konnte sich also wirklich mit Haugwitz sehr zufrieden erklären und er glaubte ihm anzusehen, dass er
auch sehr zufrieden sei. Diese Zufriedenheit der beiden
Diplomaten störte nur eins, die Anwesenheit der österreichischen Unterhändler. Diese hatten schon vorher mit
Talleyrand über die preussische Vermittlung gesprochen,
und als sich General Gyulai nach einem Diner jetzt Haugwitz näherte, machte ihm dieser auch die unzweideutigsten
Versicherungen von seinem guten Willen und den seines
Königs. Man kam überein, dass die Oesterreicher nun
die preussische Vermittlung in aller Form verlangen sollten.
Als sie das thaten, lehnte Talleyrand sie ab, übrigens
in den schmeichelhaftesten Ausdrücken für Preussen. Aber
er meinte, dadurch würde der Abschluss nur verzögert

---

1) Die Hauptquelle für den Aufenthalt von Haugwitz in Wien
sind jetzt die Briefe Talleyrands, wie sie Bertrand publiziert hat.
Dann der Bericht von Haugwitz, ergänzt durch das, was in den
späteren Schriften steht, die bei Gelegenheit der Sendung des Herzogs von Braunschweig nach Petersburg verfasst wurden, endlich
die im Anhang abgedruckten Berichte Stadions und Gyulais.

werden.[1]) Da die Oesterreicher also gemeinsame Konferenzen nicht durchsetzen konnten, wendeten sie sich wieder
an Haugwitz und forderten ihn auf, von sich aus vorzugehen, sein Beglaubigungsschreiben zu überreichen und
mit Talleyrand so zu sprechen, wie man es in Potsdam ab-
gemacht hatte. Wohl oder übel musste es Haugwitz zu-
sagen; am andern Tage aber hatte er nur sein Beglaubigungsschreiben übergeben, den eigentlichen Zweck seiner
Mission aber mit Stillschweigen übergangen.[2]) Wieder
versprach Haugwitz, was Stadion von ihm verlangte und
wieder hatte er es am folgenden Tage nicht gethan. Jetzt
drohte der Oesterreicher, sobald Abtretungen in Frage
kämen, würde er Haugwitz offiziell auffordern, nach dem
Vertrage von Potsdam zu handeln. Haugwitz, der überhaupt in seinem Berichte diese Thatsachen durchaus falsch
beleuchtet, dergestalt, dass das Verfahren der Oesterreicher
durchaus illoyal gewesen wäre, erzählt, dass Stadion
schliesslich abgereist sei, ohne sich mit ihm weiter zu
verständigen, während dieser sagt, er habe den Grafen
nicht wieder sehen können, da er es geflissentlich ver-
mieden, ihn zu empfangen.[3])

Da trat ein Ereignis ein, das alles fernere abschnitt.
Die Schlacht bei Austerlitz brachte Napoleon einen glän-
zenden Sieg. Darauf hatte ja Haugwitz gewartet und er hielt
es für passend, darüber eine grosse Freude zu bezeigen.[4])
Was hatte er aber dadurch erreicht, dass er durch sein
illoyales Verfahren das Mistrauen der Verbündeten auf sich
zog und den Franzosen mit lächerlicher Höflichkeit entgegen
kam? Talleyrand spottet über ihn mehr denn je, tiefer

---

1) Bertr. 204.

2) In Berlin hat er es später so dargestellt, als ob die Oesterreicher sich darauf beschränkt hätten, ihn aufzufordern, seine Vermittlung vorzubereiten, nicht, sofort in sie einzutreten. Hardenb.
V 279.

3) Duncker 262.

4) Bertr. 212.

denn je verachtet er die preussische Schwäche. Nur Haugwitz scheint das nicht zu bemerken.

Es ist ihm selbstverständlich, dass nunmehr der Vertrag von Potsdam nicht mehr gelte. In einem Bericht vom 5. erklärt er es offen für seine Pflicht, die guten Beziehungen mit Frankreich zu pflegen, und mahnt, dass Preussen mit seinen Truppenbewegungen nur keine Ombrage mache. Wir müssen jetzt nach Berlin zurückkehren. Auch hier hatten die fortgesetzten Unglücksfälle der Koalition ihre Wirkung, aber in andrer Richtung, als bei Haugwitz. Jeder Fortschritt Napoleons machte es unwahrscheinlicher, dass die preussischen Vorschläge etwas anderes sein könnten als ein Ultimatum. Schon wurden die Vorbereitungen zur Abreise des Königs zur Armee getroffen. Friedrich Wilhelm war in der Regel düster und nervös. Er klammerte sich noch immer an die Idee, dass ein Frieden möglich sein werde, er wusste wohl selbst nicht, wie, und stellte alle seine Hoffnungen auf Haugwitz. Aber je mehr der Krieg wahrscheinlich wurde, desto mehr musste auch die Kriegspartei an Einfluss gewinnen, an deren Spitze die Königin selbst stand. Während Haugwitz in Wien den Frieden um jeden Preis zu sichern suchte, wurde in Berlin Hardenberg immer mehr der Mann der Lage. Seit dem Vertrage von Potsdam war er ein eifriger Parteigänger der Koalition und bezeugte es auf jede Weise. Der König selbst konnte sich dem nicht entziehen. An seiner Tafel durfte man sich in französenfeindlichen Reden ergehen, wie sie früher nicht gestattet waren.[1] Laforest schreibt, Prinz Louis Ferdinand, dessen Kriegslust der König nicht liebe, und den er sich früher fern hielt, stehe jetzt mehr in seiner Gunst. Wenn er recht berichtet ist, gab es am Hofe auch Personen, die ein Losschlagen verlangten, bevor Haugwitz zurückgekehrt sei.[2] Und wenn

---

1) B a i l l. 409.

2) Darauf könnte man das etwas dunkle Gespräch zwischen Möllendorf und dem König zurückzuführen. B a i l l. 411.

dem König auch nichts so fern lag, wie das, so tadelte er doch andrerseits Lombard wegen seiner Franzosenfreundlichkeit. Dieser und Köckritz durften nicht mehr mit derselben Freiheit sprechen, wie sie es sonst gewohnt waren. Um diese Zeit fand ein interessanter Briefwechsel zwischen Friedrich Wilhelm und dem russischen Zaren statt. Der Kaiser schrieb aus Olmütz, wo sich bereits das Hauptquartier der Verbündeten befand,[1] die Lage sei eine kritische, da eine österreichische Armee in Wirklichkeit nicht existiere. Der König antwortete fest und ruhig, sprach vertrauensvoll von der Zukunft; der Zar könne darauf zählen, dass er den Weg verfolgen werde, über den sie übereingekommen wären. Ausserdem fügte er hinzu, dass er schon jetzt daran denke, ob er nicht durch Truppenbewegungen die verbündeten Kaiser entlasten könne. In der That waren schon am 21. an General Grawert Weisungen ergangen, wie er Schlesien verteidigen solle, die dortigen Festungen wurden ausgerüstet.[2] In seinem nächsten Briefe an den Zaren versprach dann Friedrich Wilhelm, im Falle eines Unglücks die kombinierte Armee in seine schlesischen Festungen aufzunehmen. Er schicke Verstärkungen dahin.[3] Man fing an den Fehler einzusehen, den man mit der Aufstellung zuweit nach Westen gemacht hatte. General Grawert wurde angewiesen, sich mehr zu konzentrieren. Jede Grenzverletzung aber solle er mit der sofortigen Eröffnung der Feindseligkeiten beantworten. Ende November hat ferner Phull den fremden Gesandten eine Denkschrift vorgelegt, wonach geplant wurde, die preussischen Armeen nicht am Main stehen zu lassen, sondern durch Vorrücken die österreichischen Lande zu

---

1) H a r d e n b. II 347.

2) Der österreichische Oberst Crenneville, welcher sich damals zu militärischen Beratungen in Berlin eingefunden hatte, war in seinen Berichten sehr zufrieden über die Haltung des Königs. B e e r 198.

3) H a r d e n b. II 350.

degagieren zu suchen.¹) — Hardenberg erzählt, dass Lombard den oben erwähnten zweiten Brief des Königs konzipiert habe und dabei die Stelle ausgelassen hätte, welche die Aufnahme koalierter Truppen in schlesische Festungen betraf. Der König habe sie dann selbst hineingesetzt.

Ueber die Meinungen Friedrich Wilhelms in jenen Tagen kann deshalb ein Zweifel füglich nicht bestehen. Sein Verstand sagte ihm, dass der Krieg unvermeidlich sei, aber sein Herz war nach wie vor für den Frieden und er wollte die Hoffnung auf ihn noch immer nicht aufgeben, so dass auch näher stehende Personen an ihm irre werden konnten.

Nun meldete Alexander plötzlich, dass das Koalitionsheer zur Offensive übergegangen sei.²) Damals war die militärische Lage Napoleons eine sehr schlechte. Wenn die Verbündeten bis zur Vereinigung mit dem Heere Erzherzog Karls warteten, das aus Italien heranzog, konnten sie ihm mit grosser Uebermacht entgegentreten. Auch der Gesundheitszustand des französischen Heeres war ein übler. Wie wäre es erst gewesen, wenn eine grosse preussische Armee rechtzeitig in Schlesien versammelt war. Konnten die Verbündeten auch nicht die ganze Lage mit aller Klarheit übersehen, so wussten sie doch genug, um sich sagen zu können, dass sie zögern müssten. Das Ergreifen der Gegenoffensive durch die Koalierten war der entscheidende Fehler des Dezemberfeldzugs.

Am 8. kam endlich ein lang erwarteter Bericht von Haugwitz in Berlin an. Tags vorher schon hatte man die ersten unbestimmten Nachrichten von der Schlacht bei Austerlitz. Doch war man nicht allzu erschreckt darüber, denn schon bei den letzten militärischen Beratungen hatte man die Möglichkeit einer Niederlage ins Auge gefasst. Hardenberg³) übt strenge Kritik an Haug-

1) Kriegsgesch. Einzelschriften, Bd. I H. 1. 38 Anm. I.
2) Hardenb. II 351.
3) Baill. II 415.

3

witz. Er findet es unverantwortlich, dass die Verhandlungen am 2. Dezember noch nicht begonnen waren, wie
es doch die Verbündeten zu erwarten berechtigt wären.
Schon jetzt macht er auf den Widerspruch aufmerksam, in
welchem das, was Haugwitz von Stadion berichtet, mit der
Lage stände. Es hielte schwer zu glauben, dass Oesterreich sich jetzt von der Koalition trennen würde. Die
direkten Eröffnungen des Wiener Hofes seien nicht in
Einklang zu bringen mit dem, was Haugwitz über die
österreichischen Unterhändler sage.[1] An dem Tage, wo
dies geschrieben ist, am 9. Dez., fand eine Konferenz statt.
Hier hat besonders Massenbach für Frieden und Bündnis
mit Frankreich gesprochen, auch Beyme stand auf der franzosenfreundlichen Seite, während Schulonburg seine ent-
gegenstehenden Ansichten am folgenden Tage noch in einem
Memorial zum scharfen Ausdruck brachte. Die gefassten
Beschlüsse bedeuten keineswegs ein Zurücktreten von der
bisher verfolgten Bahn.[2] Sie waren im Gegenteil fest
und ohne Schwäche. Der Vertrag vom 3. November
sollte gehalten werden, man wollte Aufklärungen über die
Stadionsche Verhandlung. Den Rüstungen sollte mehr
eine Richtung nach Südosten gegeben werden, wie schon
am 5. Dezember beschlossen war, besonders im Interesse
der eignen Sicherheit. Ueber Kriegführung und diploma-
tisches Vorgehen wollte man sich auch fürderhin mit den
Koalierten verständigen. Wenn Haugwitz geraten hatte
Preussen solle sich dafür verbürgen, dass die Franzosen
in Hameln und Holland nicht belästigt würden, so lehnte
man das ab. Man könne diese Garantieen überhaupt garnicht übernehmen, weil es keine preussische Truppen mehr
im Hannöverschen gäbe.
In diesem entschiedenen Sinne schrieb auch der König

---

1) Werth. I 364.
2) Protokoll bei Hardenb. II 357.

am folgenden Tage an Alexander,[1]) teilte ihm die nichts-
sagenden Zugeständnisse mit, die Napoleon Haugwitz gemacht, bat Stadion so zu instruieren, dass er sich mit
Haugwitz vertrage und schickte Phull um eine Beratung
über den Kriegsplan vorzubereiten. An die Truppen gingen
Befehle ab. Ebenso sollten Weisungen an Haugwitz ab-
gehen. Da wurde der Abschluss eines Waffenstillstandes
bekannt. Die Nachricht — sie stammte aus französischen
Quellen — brachte weiter nichts, als diese Thatsache mit der
Vermutung, Oesterreich werde einen Separatfrieden ab-
schliessen. Auf Hardenbergs Rat wurden die Truppenbewegungen nicht aufgehalten, aber Phull ward zurück-
gerufen. Fürs erste wollte man Nachrichten aus dem
Lager der Verbündeten abwarten, und an Haugwitz wurde
nur eine Kabinettsorder abgesandt, in welcher der König
alles seinem Eifer und Patriotismus anheimstellt.[2])

In Wien konnte jetzt Haugwitz sein Ziel, die Aus-
söhnung mit Frankreich, offen verfolgen. Er ging nun
einmal von der Anschauung aus, dass Preussen mehr von
Napoleon erlangen konnte, wenn es ihm auf jede Weise
entgegenkam, als wenn es die Hand am Schwert fest und
treu zu seinen Verbündeten stand. So hatte er den Verkehr mit Stadion und Gyulai abgebrochen. Oesterreich
aber hätte sich vielleicht auch nach der Schlacht bei Austerlitz zum Ausharren entschlossen, wenn es sich auf
Preussen verlassen konnte.

Haugwitz wartete ruhig in Wien die Ankunft Napoleons ab. Am 14. konnte ihn dieser endlich empfangen.
Der Inhalt des Potsdamer Vertrages war jetzt kein Geheim-
nis mehr. Napoleon hatte ihn von den Oesterreichern erfahren[3]) und hielt ihn Haugwitz vor, indem er ihm die
Unterzeichnung zum Vorwurf machte. Ganz wie bei der

---

1) H a r d e n b. II 363.
2) D u n c k e r 168.
3) H a r d e n b. II 379.

3 *

ersten Zusammenkunft in Brünn suchte er den preussischen
Gesandten zu brüskieren und einzuschüchtern. Das gelang
ihm denn auch vortrefflich. Haugwitz selbst erzählt in
seinem Bericht, dass Napoleon fast allein sprach und er
nur schwache Remonstrationen machte. Der Krieg ist unvermeidlich, rief ihm der Imperator entgegen und nahm
dadurch dem ängstlichen Grafen den letzten Mut. Haugwitz musste doch das Bulletin vom 10. Dez. gelesen haben
und durfte daraus schliessen, dass, wer noch solche Liebens-
würdigkeiten dem König von Preussen und seinen Räten
sagen kann, wie es da geschah, nicht den Krieg für unvermeidlich halten mochte. Aber sei dem, wie ihm wolle, Haugwitz glaubte an den Aerger Napoleons und verliess ihn vollständig eingeschüchtert. Der Kaiser hatte ihm noch zuletzt
gesagt, dass alles weitere jetzt von den Verhandlungen mit
Oesterreich abhängen würde. Hatte er einmal mit Oesterreich
abgeschlossen, so konnte er noch viel stärker auf Preussen
wirken. Und den Abschluss mit Franz erhoffte er noch
für denselben Tag. Aber ein Brief Talleyrands aus Brünn,
wo jetzt über den Frieden verhandelt wurde, meldete ihm
einen neuen Aufschub. Da änderte er kurz entschlossen
seine Absicht. Er wollte sich jetzt zuerst mit Preussen
verständigen, um dann Oesterreich härtere Bedingungen
auferlegen zu können.[1] Noch an demselben Tage liess
er Haugwitz zum zweiten Male rufen. Heute morgen noch,
sagte er, hielt ich den Krieg mit Preussen für unvermeidlich, aber jetzt biete ich Ihnen einen Verttag an, der Ihnen
giebt, woran Sie ein ungeheures Intresse haben, und mir
ein Pfand der Freundschaft des Königs. Um noch mehr
auf Haugwitz zu drücken, gab er ihm den eben einge-
laufenen Brief Talleyrands,[2] worin dieser mitteilte, dass
die Oesterreicher, zur Entschädigung für ihre Verluste,
Hannover für Erzherzog Ferdinand verlangt hätten, und

---

1) Corr. d. Nap. 9573.
2) Bertr. 213.

weiter die Gründe auseinandersetzte, welche für das Projekt sprachen. Haugwitz hätte freilich auch die Gegengründe zu lesen bekommen, wenn ihm Napoleon das Blatt nicht rechtzeitig weggenommen hätte. Jetzt wagte der preussische Gesandte nicht weiter Einwendungen zu machen. Napoleon hat, so berichtet Haugwitz selbst, den Vertrag direkt an Duroc, der der ganzen Unterredung beiwohnte, in die Feder diktiert und Haugwitz hat stille dabei gesessen, ohne auch nur zu versuchen, bei der Fassung mitzuwirken. Seine etwaigen Einwendungen sparte er sich für die Beratungen in Berlin auf; Napoleon, so heisst es ungefähr in seiner Erzählung, stellte nur die Wahl zwischen Krieg oder Bündnis; wenn ich jetzt unterzeichnote, so wurde damit nichts endgiltig bestimmt. Dem König blieb noch immer die letzte Entscheidung, ob er mit Napoleon brechen, oder sich mit ihm verbünden wolle. Vor allen Dingen galt es, Zeit zu gewinnen. So unterzeichnete Haugwitz. Der Vertrag ist vom 15. datiert.

· Was nun den Inhalt des Vertrages [1]) von Schönbrunn anbetrifft, so wurde ein Offensiv- und Defensivbündnis zwischen beiden Mächten geschlossen. Sie versprachen mit allen ihren Kräften einzutreten, falls ihre eigenen Gebiete oder die Bayerns und der Türkei angegriffen würden. Die Garantie bezog sich insbesondere auf alles, was Frankreich noch in Italien erwerben würde, und ebenso auf die neuen, ausdrücklich aufgezählten, Vergrösserungen Bayerns, Württembergs und Badens. Preussen erhielt Hannover, ohne dadurch jedoch eine neue Stimme im Kurfürstenrate zu erlangen und trat dafür ab an Bayern, das es auch als Königreich anerkannte, die Markgrafschaft Ansbach mit der Klausel, dass es bei einer späteren Grenzberichtigung einen Teil bayrischen Gebietes von 20000 Einwohnern mit Bayreuth vereinigen dürfe, ferner an einen Reichsfürsten,

---

1) Abgedruckt bei L e c l e r c q, Recueil des traités de France (mit Ausnahme des 8. Artikels) und H a r d e n b. II 390.

den Napoleon noch nennen würde, das Herzogtum Kleve
und endlich an Frankreich selbst das Fürstentum Neuen-
burg. Der Vertrag sollte fürs erste geheim bleiben und
die Ratificationen in spätestens 3 Wochen an Berlin aus-
getauscht werden.

Talleyrand [1]) gratulierte Napoleon freudig und sagte,
durch die Konvention verfüge Napoleon fortan über Norddeutschland, wie schon vorher über den Süden. In der
That, wenn dieser Vertrag wirklich seinem ganzen Um-
fange nach durchgeführt wurde, so bedeutete er, dass
Preussen sich nicht nur von seinen bisherigen Verbündeten
trennte, sondern an Napoleons Seite in dem Kriege gegen
sie teil nahm.

In Berlin wollte man jetzt vor allem die Nachrichten
von den Verbündeten erwarten, ehe man weitere Beschlüsse
fasste. Man sah ihnen sehnsüchtig entgegen. Hardenberg
teilte Alopeus mit, dass der König von dem Schweigen
des russischen Kaisers, wenn nicht verletzt, so doch un-
endlich peinlich berührt sei. [2]) Endlich kamen auch Berichte aus dem Lager der Koalierten, zuerst am 15. Stutterheim mit einem Schreiben von Franz, dann am 16. Dolgoruki mit einem Briefe Alexanders. [3]) Am 19. folgte
auch ein Bruder des Kaisers selbst, Konstantin, nach, um
den Inhalt dieses Briefes persönlich zu bestätigen.

Erst diese Mitteilungen brachten endgiltig die Wendung in Berlin hervor.

Nachdem der Kaiser von Russland Mitteilungen über
die Schlacht gemacht hat und hinzugefügt hatte, dass er
sich hinter seine Grenzen zurückzöge, fährt er wörtlich
fort: »Ich hoffe, dass es Ihrer Majestät durch die Weisheit
Ihrer Entschliessungen gelingen wird, sich mit Frankreich
zu verständigen und dass die Schritte, die Sie ja allein

---

1) Bertr. 224.
2) Mett. II 89.
3) Histor. Zeitschr. 70 Seite 83.

aus Freundschaft zu mir gemacht haben, Sie nicht kompromittieren werden. (J'espère que par la sagesse de vos
déterminations, Sire, vous parviendrez à vous arranger
avec la France et que les démarches, que V. M.
a faites
uniquement par amitié pour moi, ne vous compromettront
pas.) »Zugleich versicherte er Friedrich Wilhelm, dass er
gegebenen Falls auch bereit sei, ihn mit den Waffen zu
unterstützen und stellte die russischen Truppen, soweit sie
sich in Schlesien und Hannover befanden, unter seine Befehle. Wenn so der eine Alliierte von Potsdam den König
von allen Verpflichtungen des Vertrages entband, so fügte
er sogleich in ebenso unzweideutiger Weise hinzu, dass
der andere, Oesterreich, den fürdern Krieg ganz aufgegeben habe.

Der Brief des Kaisers Franz bewegte sich in allgemeinen Ausdrücken und war nicht geeignet, diese Ansicht
zu widerlegen. Stutterheim persönlich erbat freilich Hilfe
und meinte, Oesterreich würde sich allzuschweren Bedingungen nicht fügen. Aber gefragt, ob er zu diesem
Ersuchen ermächtigt sei, musste er mit Nein antworten.
Freilich konnte er sich darauf berufen, dass der Vertrag
von Potsdam einen Waffenstillstand an und für sich nicht
ausschlösse; aber mit demselben Recht konnte der König
ihm die eigentümliche Natur dieses Waffenstillstandes vor-
halten, der es ihm unmöglich mache, seine Truppen in
Böhmen einrücken zu lassen. Der Vertrag von Potsdam
fiel zu Boden. 'Er sei nur ein eventueller gewesen, sagte
Hardenberg,[1] als Alopeus ihn fragte, ob er den Bündnis-
fall anerkennen wolle, falls Osterreich sich mit Frankreich
über den Frieden nicht einige. Jedenfalls, fügte er hinzu,
müsse der Vertrag vom 3. November stark modifiziert
werden. Man war denn auch sehr ärgerlich darüber, dass
Oesterreich ihn an Napoleon mitgeteilt hatte. Es konnte
übrigens keinen guten Eindruck auf die Preussen machen,

---

1) H a r d e n b. II 380 (Alopeus Bericht vom 21.)

wie die Waffengenossen vom 2. Dezember sich gegenseitig die Schuld an dem unglücklichen Ausgange beimassen. Einig waren sie nur in ihren Beschwerden über den Grafen Haugwitz. Das Höchste, was bei dieser Lage der Dingo[1]) die österreichischen Vertreter von Preussen hoffen durften und was die preussischen Staatsmänner auch zu thun gedachten, war, dass Preussen während der Verhandlungen über den Frieden Oesterreich diplomatisch unterstütze. Zunächst erhob sich jedoch für sie die Frage, wie man sich selbst gegenüber Frankreich stellen solle. Seit dem Tage, an welchem die Nachricht von der Gebietsverletzung in Ansbach angekommen war, war die Stellung des französischen Gesandten eine ganz isolierte gewesen. Auch die franzosenfreundlichen Kreise am Hofe, die sonst häufig beim Gesandten zu finden waren, hatten es nicht wagen dürfen, persönlich mit ihm zu verkehren.[2]) Jetzt traten sie wieder mehr hervor. Schon bei der Konferenz vom 9. hatten sie offen Opposition gemacht. Massenbach hatte, wie gesagt, zum Abschluss eines Bündnisses mit Frankreich geraten.[3]) Der erste Anstoss zu neuen persönlichen Beziehungen zwischen den preussischen Räten und dem französischen Gesandten ging aber von letzterem aus. Gleich nach dem Eintreffen der Nachrichten vom Siege bei Austerlitz, fand Laforest Mittel und Wege dem Könige Vorstellungen machen zu lassen und bat dann direkt Lombard um eine Zusammenkunft. Es geschah dann auf Veranlassung des Königs, bei dem jetzt Lombard und seine Gesinnungsgenossen mit ihren franzosenfreundlichen Ansichten mehr Einfluss erlangten, dass dieser und der Herzog von Braunschweig den französischen Gesandten von nun an fast täglich sahen. Ihr Benehmen war ein würdiges

---

1) M e t t. II 94.

2) Indirekt fand freilich ein Verkehr statt, hauptsächlich durch den Bankier Ephraim.

3) H a r d e n b. II 859.

Seitenstück zu Haugwitz' Auftreten in Wien. Die Franzosen sollten auf jede Art versöhnt werden. Deshalb suchten sie einerseits die Bedeutung des Potsdamer Vertrages zu mindern, indem sie versicherten, dass der König nie die Absicht gehabt habe, den Franzosen ernstlich entgegenzutreten, andrerseits würde er sich auch von den letzten Versprechungen lossagen, sobald Oesterreich sich zurückziehen sollte. Nur dafür werde er eintreten, dass Oesterreich nicht allzugrosse Verluste erleide. Mit ihren endlosen schwachmütigen Entschuldigungen forderten sie nur Laforests Spott heraus. Lombard sprach bereits von einem zukünftigen »gemeinsamen System Preussens und Frankreichs«. [1]) Man hat hinter diesen Aeusserungen gewiss nicht den Willen des Königs zu suchen. Solche Würdelosigkeiten lagen ihm doch fern. Freilich befahl er auch Hardenberg, den französischen Gesandten wieder zu empfangen, aber dieser vermied es, dabei auf die Geschäfte einzugehen. [2]) In der That gab es nichts zu verhandeln, so lange man nicht Nachrichten aus dem Lager der Verbündeten hatte und auf die Ergebnisse der Haugwitzschen Mission noch warten musste. Als aber dieser auch am 10. noch geschrieben, dass er nicht wisse, wann Napoleon ihn empfangen werde und die Gesandten Alexanders und Franz' gekommen waren, entschloss man sich endlich, in Berlin direkt zu verhandeln. Der Hauptzweck war dabei, zu verhindern, dass die Franzosen wieder nach Hannover kämen. Man stellte sich aufs neue auf den Standpunkt der norddeutschen Neutralität und wollte sich selbst die Besetzung des Landes sichern. Man hoffte von Frankreich die Zustimmung dazu zu erhalten, dass Preussen es bis zum allgemeinen Frieden in Verwahrung nähme. Demgemäss erklärte sich Hardenberg in den Konferenzen, welche er jetzt mit Laforest hatte, bereit, auf die Forde-

---

1) B a i l l. 422.
2) B a i l l. II 420.

rungen einzugehen, die Napoleon in Brünn an Haugwitz
bezüglich Hannovers und Hamelns gestellt hatte, und zwar
übernehme er die Garantie sofort, wenn Napoleon Norddeutschland nicht angreifen wolle, solange man darüber
verhandle, dass Preussen dies Land durch seine Truppen
für die Dauer des Krieges besetzen lasse: gegebenen Falls mit
der Bestimmung, für die Friedensverhandlungen mit England den Franzosen als Kompensationsobjekt zu dienen.
Hierzu sei bemerkt, dass man jene Garantieen für Hannover
jetzt übernehmen konnte, da ja Russland seine dortigen
Truppen unter preussischen Oberbefehl gestellt hatte. Um
sich auch den Engländern gegenüber zu sichern, wandte
man sich an Harrowby und verlangte, dass sich die englischen Truppen hinter die preussischen zurückzögen. Eine
ähnliche Verständigung mit den Schweden wurde ins Auge
gefasst.

Gleichzeitig bot man den Franzosen seine guten
Dienste bei den Verhandlungen über den Frieden nicht
nur mit Oesterreich, sondern auch mit Russland, ja sogar
mit England an, obgleich man von keiner Seite dazu auf-
gefordert worden war.

Der Generalmajor Phull war dazu ausersehen, diese
neuen Vorschläge Napoleon zu überbringen. Doch sollte
er nur als dem Grafen Haugwitz attaschiert gelten, wenn
er diesen noch in Wien anträfe. Falls er ihm bereits auf
der Reise begegne (und man trug Sorge dafür, dass sie
sich nicht verfehlten), sollte es dem Grafen freistehen, nach
den Umständen zu entscheiden, ob er nach Wien zurückkehren wolle oder nicht. Phull nahm auch ein Schreiben
des Königs an Napoleon mit, als er am 19. abreiste. [1]

So erklärte man jetzt den Potsdamer Vertrag für nicht
mehr giltig und zog sich wieder auf die norddeutsche
Neutralität zurück. Und wir werden sagen müssen, dass
in diesem Augenblicke das wohl auch der beste Ausweg

---

1) H a r d e n b. II 372.

aus einer Lage war, in die man durch eine unglückliche
Reihe von Halbheiten gekommen war, wie Hardenberg
in einem Briefe an Lucchesini aus jenen Tagen[1] die
preussische Politik der letzten Monate nennt. Aber hatte
er wirklich ein Recht, dabei alle Schuld von sich abzu-
wälzen? Auch er hatte sich doch erst spät zu einem entschiedenen Anschluss an die Koalition bekehren lassen.

Kehren wir aber jetzt zu Haugwitz zurück.

Der Systemwechsel, den der Vertrag von Schönbrunn
in sich schloss, muss doch auch Haugwitz so gross erschienen sein, dass er die Berliner erst langsam darauf
vorbereiten wollte. Er beeilte seine Abreise nicht, sondern
verliess erst am 15. Wien,[2] nur eine kurze Nachricht
sandte er vorauf. Napoleon unterstützte ihn dabei. Die
französische Gesandtschaft sollte auch vor Haugwitz' Ankunft nichts von dem, was abgeschlossen war, erfahren.[3]
So erhielt man in Berlin zuerst nur ein Billet,[4] in welchem
nichts weiter stand, als dass das Resultat seiner Unterredungen mit dem Kaiser von solcher Wichtigkeit sei
dass es nicht der Feder anvertraut werden könne.

Man kann sich denken, mit welcher Spannung man
danach der Ankunft des Grafen entgegensah. Erst am 25.
langte er an und brachte auch den General Phull wieder
mit, welchen er unterwegs angetroffen hatte und dessen
Sendung natürlich gegenstandslos geworden war. Zugleich
überbrachte er einen Brief Napoleons, der von Ausdrücken
der Freundschaft überfloss.[5]

Die Ueberraschung in Berlin war vollständig. Der
König, erzählt Hardenberg (II 386), war sehr unzufrieden
mit der Wendung der Dinge. Er hing an seinen treuen
Provinzen und es wäre ihm schwer geworden, sie gegen

1) Baill. II 428.
2) Hüffer 184.
3) Nap. Corr. 485.
4) Hardenb. II 385.
5) Nap. Corr. No. 9577.

ein neues Land auszutauschen, das doch eigentlich dem König von England gehörte und von Napoleon garnicht verschenkt werden konnte. Andrerseits nahm Haugwitz auch eine schwere Last von den Schultern des Königs, indem er ihm wieder sichere Friedenshoffnungen machte und das konnte ihn doch nicht in seinem Vertrauen zum Grafen erschüttern. Von den Widersprüchen zwischen den Berichten der Oesterreicher und von Haugwitz über ihren gegenseitigen Verkehr in Wien, ebenso wie zwischen den Erzählungen Finkensteins und Nowossilzows und denjenigen des Grafen über ihre Unterredungen in Czaslau, scheint nicht weiter die Rede gewesen zu sein. Hier hat einfach der Abwesende Unrecht behalten; das darf bei der Beurtheilung des folgenden nicht vergessen worden. In den nächsten Tagen fanden verschiedene Konferenzen bei dem Könige statt, aber wir erfahren über dieselben nicht viel näheres. Ueber die Meinungen der leitenden Persönlichkeiten ergiebt sich jedoch genug aus den Denkschriften, welche für Friedrich Wilhelm von seinen Ratgebern verfasst wurden.[1]

Für die unbedingte Annahme war doch eigentlich Niemand. Nur Beyme äusserte sich dahin, aber auch erst, nachdem die Beschlüsse gefasst worden waren. Selbst Haugwitz wollte den Vertrag nicht ohne Veränderungen gelten lassen.[2] Er behauptete freilich, dass man nur noch

---

1) Abgedr. H a r d e n b. V.

2) In einem Memoirenfragment, erschienen 1837, sagt er allerdings, man hätte den Vertrag so, wie er vorlag, annehmen müssen, aber damals hat er diese Ansicht nicht vertreten. Auch Lombard hat seinen Anteil an der Verklauselung der Annahme später geleugnet (Matériaux pour servir à l'histoire des années 1805, 1806 et 1807. Dédié aux Prussiens par un ancien compatriote. 1808 Seite 139). Nichtsdestoweniger ist wohl Hardenbergs Mitteilung richtig, dass Lombard und Haugwitz die interpretiereude Denkschrift verfasst haben. Allerdings hat Haugwitz gleich darauf beim französischen Gesandten die Meinung aufkommen lassen, als ob die nur bedingte Ratification halb gegen seinen Willen sei.

die Wahl habe zwischen diesem Vertrag und einem Kriege
und er schlug demgemäss vor, ihn sofort zu ratifizieren,
aber zugleich auch durch eine erklärende Denkschrift alle
unbequemen Punkte wegzudeuten. Es musste schwer halten
an diese Alternative zu glauben, denn die Einschränkungen,
welche Haugwitz selbst empfahl, waren so zahlreich und
so tiefgreifend, dass die Konvention dadurch ihren Charakter vollständig verlor und einen ganz andern Inhalt empfing.
Aber Haugwitz versicherte, er habe Napoleon ganz genau
durchschaut und sei gewiss, dass er die Veränderungen,
wie er sie vorschlage, billigen werde. Dabei schrieb er
dem französischen Kaiser ein Friedensbedürfnis zu, das
dieser garnicht hatte.

Gehen wir nun auf die einzelnen Punkte näher ein,
so traten die Gebietsfragen, so wichtig sie waren, doch
ganz vor dem Systemwechsel, den dieser Vertrag bedeutete,
zurück.

Von den grossen Mächten fühlte man sich nur Russland gegenüber verpflichtet. Mit England hatte man trotz
aller Verhandlungen mit Harrowby nichts abgeschlossen.
Oesterreich gegenüber glaubte man sich natürlich nach
des Grafen Bericht ebensowenig gebunden, zumal da Haugwitz in gutem Glauben davon Mitteilungen machte, dass
man damit umgehe, Hannover einem Habsburger zu geben.
Wenn schon Stutterheim von der Möglichkeit gesprochen
hatte, dass Napoleon Oesterreich zu einem Bündnis zwingen
könne, so betonte dies Haugwitz sehr. Grade mit der
Notwendigkeit, einer Verständigung zwischen Oesterreich
und Frankreich zuvorzukommen [1]), begründete er seinen
Vorschlag, das Abkommen sofort zu ratifizieren.

Die jüngsten Verträge mit Russland galten freilich
seit dem Schreiben Alexanders auch nicht mehr, aber noch
bestand das Defensivbündnis von 1800, eigentlich eine

---

1) Der Friede von Pressburg wurde erst am 26. Dezember geschlossen.

Erneuerung des Allianzvertrages von 1792. Und grade
jetzt hatte Alexander 60000 Mann unter preussischen
Oberbefehl gestellt, doch um die Stellung Preussens gegenüber Frankreich zu stärken. Sollte man sich nun mit
Frankreich verbinden, das sich doch im Kriegszustande
mit Russland befand?

Auch in Betreff der Erwerbung Hannovers fragte man
mehr danach, was Russland dazu sagen würde, dass sein
Verbündeter beraubt werde, als nach England selbst.

Ferner: wenn man auch anderen Mächten zu nichts
verpflichtet gewesen wäre, musste man sich doch immerhin
an seine eigene Ehre erinnern. Grade jetzt wurde man
in sehr empfindlicher Weise durch die Forderung Ans-
bachs daran gemahnt. War es doch dasjenige Land, an
dem sich der ganze Konflickt entzündet hatte. Haugwitz
suchte das Entschuldigungsschreiben, das Napoleon damals
an den König geschrieben, hervor. Einst hatte man sich
nicht mit ihm beruhigen wollen, nun sollte es mit einem
male genügen.

Endlich aber: hätte dieser Vertrag nicht bedeutet, dass
sich Preussen dem Kaiser unterordnete, wie es dessen
sogenannte Verbündete im Süden thaten? Der Minister
Schulenburg bemerkt in einem Gutachten, das er in diesen
Tagen abgab, dass Haugwitz selbst das zugebe, wenn er
verlange, dass jeder preussische Patriot alles vermeiden
müsse, was Napoleon irgendwie reizen könne. Schon um
dieser Unabhängigkeit willen, wollte Hardenberg den Vertrag nicht ohne weiteres angenommen wissen. Haugwitz
meinte, der König könne ja noch immer frei wählen
zwischen diesem Vertrage und dem Kriege; das war doch
eine merkwürdige Freiheit der Wahl und besonders bei
dem Charakter des Königs konnte es nicht zweifelhaft sein,
wofür er sich entscheiden würde. Auch wenn man auf
die 300000 Mann verwies, die er jetzt zur Verfügung
hatte.

Aber auch die Meinungen seiner Ratgeber wichen zuletzt eigentlich kaum von einander ab. Schulenburg allein sprach sich mehr oder weniger gegen das Abkommen aus. Hardenberg hat es allerdings nicht mit derselben Freude empfangen, wie zum Beispiel Lombard; aber schon in seiner ersten Denkschrift, die er bereits einreichte, bevor Haugwitz mit seinem Bericht fertig war, neigt er die Wagschale zu Gunsten eines Bündnisses mit Frankreich. Freilich wollte er zur selben Zeit eine gesicherte Selbstständigkeit und Vorherrschaft in Norddeutschland, wie Frankreich sie im Süden inne hatte, zugleich als ein Gegengewicht gegen diese französische Macht. Sonderbar, dass er meinte, dies allein durch Verhandlungen mit Napoleon erreichen zu können. Aber später schränkt er seine Wünsche auch sehr ein und kommt sachlich mit Haugwitz überein, höchstens dass er noch die Hansestädte für Preussen fordert; nur was die Form anbetraf, wollte er ein ganz neues Abkommen, während Haugwitz eben vorschlug, die sofortige Ratifizierung mit einer authentischen Interpretation zu begleiten. Zuletzt war Hardenberg auch nicht sehr dagegen. Diese interpretierende Denkschrift nun (mémoire explicatif nannte es Haugwitz) warf thatsächlich den Inhalt des ganzen Vertrages um. Sie machte aus einem Bündnis ein Bündnisversprechen, aus den Landerwerbungen Anwartschaften. Die einzige Folge, welche die Konvention in dieser Gestalt unmittelbar haben sollte, war die Besetzung Hannovers durch die Preussen. Alles übrige sollte erst vom Friedensschluss an gelten. Und selbst dieser kühnen Auslegungskunst gelang es nicht, das Wort Offensivbündnis aus dem Vertrage zu entfernen. Es sollte in dem zu ratifizierenden Instrumente weggelassen werden. Auch Hardenberg glaubte, dass das geschehen könne, ohne dem Sinn des Abkommens zu nahe zu treten. Denn sein Geist sei nicht offensiv. Wie er, und die leitenden Staatsmänner in Berlin überhaupt zu dieser Ansicht gelangen konnten, das ist und bleibt das schlechthin Unverständliche in der Geschichte dieser Tage. Und wenn wir es doch erklären wollen, so bleibt uns nichts übrig, als daran zu denken, dass man in den Konferenzen mehr auf das hörte, was Haugwitz sagte, als das las, was im Vertrage stand. Den König trifft nicht der Vorwurf seine Bundesgenossen verraten zu haben, denn Russland hatte ausdrücklich auf den Vertrag verzichtet und Oesterreichs Verhalten musste ihm wenigstens nach den Berichten von Haugwitz illoyal erscheinen; aber ihn trifft der Vorwurf der Schwäche, die mit einem Heere von 300000 Mann nichts anzufangen verstand und ihn trifft der Vorwurf der Unklarheit, wenn er, wie übrigens auch seine Ratgeber os thaten, glaubte, dass Napoleon jetzt als Sieger zugestehen würde, was er vor dem Kriege nicht zugestanden hatte. Denn was man jetzt wollte, war ja dasselbe, was man im September erstrebt hatte. Hardenberg erinnert sich sogar in einer Denkschrift jener Verhandlungen.

Aber in dieser Form wurde der Vertrag schliesslich ratifiziert. Die Urkunde hat das Datum des 3. Januars 1806.

Das weitere ist bekannt. Den Franzosen musste es auch jetzt, wie einst in Oesterreich Haugwitz gegenüber, vor allen Dingen darauf ankommen, Zeit zu gewinnen. Demgemäss erhob auch Laforest zunächst keinen Widerspruch gegen die bedingte Ratification, sondern nahm sie entgegen, natürlich vorbehaltlich der Einwilligung seines Kaisers. Um diese zu erwirken ging Haugwitz selbst nach Paris. Hier musste er bald bekennen, dass er Napoleon doch nicht so durchschaut hatte, wie er glaubte. Unterdessen hatte man noch in Preussen den Fehler begangen, aus Gründen der Sparsamkeit das Heer zu demobilisiercu, und am 15. Februar 1806 musste Haugwitz den unglücklichen Pariser Vertrag schliessen.

(Aus dem Wiener Haus-, Hof- und Staatsarchiv.)

Conversation de Mr. le Comte de Giulay avec le Comte de Haugwitz le 2. dec. 1805.

Après le diner je cherchai à me rapprocher de Mr. le Comte de Haugwitz pour causer librement avec lui: il s'y prêta avec beaucoup de complaisance, nous allâmes un peu à l'ecart, et après les premiers complimens d'usage il me dit: Hier unter diesen Leuten wollen wir deutsch sprechen. Ich kann mir vorstellen Herr General mit welcher unangenehmen Empfindung Sie Zuschauer alles dessen seyn müssen, was hier vorgeht! Ich erwiderte: es seye uns allerdings äusserst schmerzhaft durch ein wiedriges Kriegsgeschick dahingekommen zu seyn: ich hoffte aber mit Zuversicht dass die Verbrüderung welche zwischen unsre Souverains eingetretten, und wovon Sr. Excellenz Gegenwart der angenehme Beweis wäre, die Lage unser Sachen bald verbessern würde.

Hierauf sagte Er mit ausnehmender Höflichkeit: Versichern Sie Herr General Se. Majestät den Kayser, dass er keinen treuern Bundesgenossen haben könne als meinen König, und Niemanden der ihm mehr ergeben wäre, und der mit mehr Eifer seine Sache bey meinem Könige befördern würde, als mich; ich nahm daher Gelegenheit dem Br. v. H. zu sagen, dass wir darauf bestehen würden, dass unsere Unterhandlungen, einverständlich mit Ihnen gepflogen würden. Ganz recht, sprach er, ein Paar mal, dringen Sie nur recht darauf; ich vor mein Theil kann nicht so recht drauf antragen. Hierauf sagte ich dem Minister, dass der alte Groll welcher ehemals zwischen uns bestanden hätte nun gänzlich aufhören und alles deutsche Blut aufwallen müsse, um sozusagen dem allgemeinen Feind zu widerstehen. Auf das gab er zur Antwort: Vor einiger Zeit alss ich hier wahre, sagte mir Sr. Majestät Ihr Kayser etwas sehr passendes, nemlich: wir haben uns biss nun um Nüsse gebalgt: jezzo handelt's sich um un-

4

sere Existenz. Ich stellte Sr. Excellenz vor dass es in der That einen Souverain ebenso sehr wie den anderen angehe; indem was uns heute begegnet, morgen das Loss auch eines andern werden könne.

Là dessus il me dit encore une quantité de paroles douces et polis; que j'ai reciproquées témoignant toujours la plus grande confiance dans l'Empressement avec lequel il voudrait appuyer notre cause et c'est ainsi que se termina notre conversation d'une demi heure apeuprès.

_____

(Original von der Hand des Grafen Stadion.)

A Mr. le Comte de Cobenzl.

Chaque jour Monsieur de Haugwitz se découvre d'avantage et peut moins cacher la mauvaise volonté qu'il met dans l'exécution des engagements de sa Cour qu'il tâche de traîner et même d'éluder par tous les prétextes bons ou mauvais qui se trouvent sous la main.

Le mardi matin je fus chez lui pour lui demander enfin formellement de communiquer à Mr. de Talleyrand ses pleins-pouvoirs et lui parler le langage fixé et promis dans les déclarations de Potsdam. Il me le promit en mettant beaucoup de patelinage dans ses expressions et me donnant les assurances positives qu'à mesure que je ne lui laissai aucun échapatoire. M'étant appuyé dans la Conférence que nous eûmes ce même jour à midi avec Mr. de Talleyrand sur ce que Mr. de Haugwitz lui déclarerait je fus le lendemain mercredi encore chez le Ministre prussien pour lui demander comment il s'était acquitté de sa promesse et quelle réponse il en avait eue. Je fus très surpris d'aprendre par lui qu'il s'était borné à communiquer ses pleins pouvoirs et qu'il n'avait pas touché d'un mot le fond de la question. Il m'en donna cent raisons l'une plus mauvaise que l'autre; et toujours enveloppé de phrases et de protestations de zèle pour notre auguste maître, il tâcha de me dérouter de toute façon. Je crus enfin l'avoir forcé dans ses derniers retranchements en lui extorquant l'engagement le plus positif que ce même jour encore |: il devait dîner amicalement chez Talleyrand :| il lui déclarerait l'intérêt sérieux que la Prusse prenait non seulement à ce que nous ne perdissions rien de nos frontières à la paix, mais même que l'Italie me donne avant un arrangement plus adapté à la tranquilité générale.(?) Il s'y engagea d'assez mauvaise grâce ce qui me fit repeter à plusieures reprises que j'y comptais absolument et que je me conduirais en conséquence, ce dont il ne put que tomber d'accord. J'ajoutai »et si le Gouvernment français se re-»fuse à vos réclamations nous pourrons compter positivement »sur ce que le 15 de ce mois les troupes prussiennes pas-»seront les frontières de Votre territoire pour venir à notre »secours.« Il répondit un »oui« très positif, mais la seconde après il observa qu'il était cependant au regret de n'avoir pas eu depuis son départ de Berlin une ligne du roi, ce qui ne pouvait que l'étonner et le déranger infiniment dans la mission dont il se voyait chargé; Sur ce que je répliquai que je n'en comptais pas moins tant sur lui que sur sa Cour et sur l'accomplissement litéral des déclarations du 3 Novembre: il répondit de nouveau par des protestations, qui énoncées par tout autre que lui auraient été les plus convainquantes; mais qui ne me donnaient que plus do doute sur sa bonne Volonté. Je n'avais pas mal jugé, car effectivement le lendemain quand je revins le voir il se trouva qu'il n'avait encore pas tenu sa parole ou plutôt qu'il y avait satisfait d'une manière si ambiguo, que cela valait à peu près d'avoir abandonné notre thèse.

En lui en faisant aussi poliment que possible la reproche, je crus n'avoir plus qu'un moyen de le mettre directement en jeu. C'était celui de lui déclarer que la première fois que Nous attaquerions l'objet des Cessions, je ne m'appuyerais pas seulement sur le contenu des déclarations de Potsdam mais que je l'interpellerais officiellement d'y satisfaire. Jo pus voir combien cotto déclaration l'ombarassait, cependant d'après sa manière de faire il convînt que j'avais raison et ne cherche encore dans cette conversation d'éluder le vrai sens de ce que je lui avais annoncé que par des m a i s et des s i, dans lesquels cependant je ne trouvai pas àpropos d'entror.

Vita.

Ich, Ernst Johann Otto Kieseritzky, bin am
6. Juli (24. Juni) 1867 in Riga (Russland) als Sohn des
Mag. jur. Wilhelm Kieseritzky und seiner Frau Selma,
geb. Kühn geboren.

Den ersten Unterricht erhielt ich in einem Privat-
kreise und besuchte dann das Stadtgymnasium meiner
Vaterstadt, von dem ich Johannis 1886 mit dem Zeugnis
der Reife abging. Darauf widmete ich mich dem Studium
der Geschichte, zuerst in Dorpat, dann im Wintersemester
1889/90 in Tübingen und bin seitdem in Göttingen.

Den Herren Professoren von Kluckhohn (†), Lexis
und Cohn bin ich für die Förderung meines Studiums
zu besonderem Danke verpflichtet.